Axel Häsler

Ein Rundflug über die EIFEL

Wartberg Verlag

Über den Fotografen und Autor:

Axel Häsler arbeitet seit 1990 als freier Bildjournalist und Autor für verschiedene Tageszeitungen im Rhein-Main-Gebiet. Als Gast beim Aeroclub Langenselbold entdeckte er die Vogelperspektive und somit eine neue Variante der Fotografie, die er dann stetig über die Jahre hinweg ausbaute. Seit geraumer Zeit ist Axel Häsler über ganz Deutschland in der Luft. Mit diesem Bildband möchte er Sie heute zu einem Rundflug über die Eifel einladen.

Folgende Motive finden Sie in diesem Buch:

Bildnachweis:
Alle Aufnahmen von Axel Häsler.
Titelbild: Mosel bei Bernkastel-Kues
Umschlagrückseite: Deutsches Eck in Koblenz (oben), Nürburg (unten)

1. Auflage 2004

Satz und Layout: Typographische Dienste U. Weiss, Borken (Hessen)
Druck: Bernecker, Melsungen
Buchbinderische Verarbeitung: Buchbinderei Büge, Celle

34281 Gudensberg-Gleichen, Im Wiesental 1
Telefon: 0 56 03/9 30 50
www.wartberg-verlag.de
ISBN 3-8313-1447-0

Vorwort

Viel zu bieten hat sie, die Eifel, eine der wohl schönsten Regionen Deutschlands. Mosel und Rhein bilden die natürliche Grenze im Osten und im Westen grenzt die Eifel an Belgien und Luxemburg. Bei Aachen, am Nordrand der Eifel, wird auch die niederländische Grenze berührt. Die beiden Bundesländer Nordrhein-Westfalen und Rheinland-Pfalz teilen sich die Eifel im Norden und Süden.

In jeder Hinsicht hat die Region sehr viel zu bieten. Zerklüftete Landschaften, entstanden durch Vulkanaktivität vor Millionen von Jahren. Sie prägen heute in erste Linie das Bild der Eifel, die im Gebirgsland eher dünn besiedelt ist. Die großen Städte liegen in den Ebenen am Rand der Eifel und schreiben alle samt Geschichte mit ihren historischen Gemäuern und ehemaligen Bewohnern.

Ich möchte Sie als Betrachter dieses Bildbandes zu einer Reise über die Eifel einladen und Ihnen etwas von meinen Eindrücken wiedergeben, die ich bei mehreren Flügen über diese Region gewinnen konnte. Ausgangspunkt der Rundflüge waren die Flugplätze in Trier-Föhren und in Aachen-Merzbrück. Unterstützt wurde ich dabei von den beiden Piloten Thomas Drescher aus Trier und Georg Genender aus Aachen, die ihre Flugzeuge für mich ins beste Licht flogen, damit ich die Eifel mit meiner Kamera „einfangen“ konnte. Leider konnten wir dabei die Gegend rund um Monschau und Simmerath in der Nordeifel nicht anfliegen. Dort befindet sich ein militärischer Luftraum, der für Privatflieger gesperrt ist.

Zunächst ging es zusammen mit Thomas Drescher in seiner kleinen Allegro vom Flugplatz Föhren aus in südöstlicher Richtung in den Süden der Eifel nach **Trier** mit seiner römischen Geschichte. Es folgte ein kurzer Abstecher über die luxemburgische Grenze nach **Echternach.** Auch die Städte **Bitburg** mit seiner bekannten Brauerei, **Neuerburg** und **Arzfeld-Waxweiler** lagen dabei auf unserer Route. Weiter flogen wir zurück an die Mosel und kamen dabei an **Wittlich** vorbei, ehe wir die Weinorte **Bernkastel-Kues, Kröv, Zeltingen-Rachting** und **Pünderich** unter uns sahen. Dabei entstanden eindrucksvolle Aufnahmen, die die Orte mit ihren verschiedenen Weinlagen zeigen.

Auf unserem weiteren Flug entlang der Mosel sahen wir prächtige Burgen, wie die Reichsburg in **Cochem**, die Ruine der **Burg Pyrmont** und die **Burg Eltz,** die lange Zeit auf dem 500-DM-Schein zu sehen war.

Ausgangspunkt des zweiten Fluges war der Flugplatz in Merzbrück bei **Aachen**. Nun mit Georg Genender am Steuer einer Cessna 152 ging es auf direktem Weg zunächst nach **Koblenz** an den Rhein. Stromabwärts folgten wir dem Fluss vorbei an **Andernach, Bad Hönningen** und **Remagen,** wobei wir zwischendurch von unserer Flugroute leicht abwichen, um das **Ahrtal** mit den Städten **Bad Neuenahr** und **Ahrweiler** zu erkunden.

Auf unserem weiteren Weg überflogen wir die Großstädte **Düren, Eschweiler** und **Aachen,** die am nördlichen Rand der Eifel liegen.

Abschließend flogen wir in die Schnee- und Vulkaneifel. Der **Rursee** bei **Heimbach** bildete dabei genauso einen Höhepunkt, wie das **Radioteleskop bei Effelsberg** und natürlich der **Nürburgring,** der durch seine internationalen Rennveranstaltungen weltbekannt ist. Doch charakteristisch für die Eifel ist im Besonderen ihre geologische Geschichte als Vulkangebiet. Davon zeugen noch heute die vielen Krater und Maare in der Region, wie zum Beispiel die **Dauner Maare,** die ich natürlich auch im Bild festgehalten habe.

Wir laden Sie herzlich ein, beim Blättern und Lesen unsere Flüge noch einmal mitzuerleben und auch die kleinen Orte und Landschaften zu entdecken, die hier nicht namentlich genannt wurden.

Axel Häsler

Trier (Innenstadt)

Nur wenige Augenblicke nach dem Start auf dem Flugplatz von Trier-Föhren erreichen wir am frühen Vormittag die Stadtgrenze von Trier. Noch liegt ein leichter Dunst über dem Tal, in dem Trier auf einer Länge von etwa acht Kilometern eingebettet ist. Doch über der Innenstadt hat sich der Frühnebel schon verzogen und ich kann damit beginnen, meine Luftbilder zu „schießen".

Als älteste Stadt Deutschlands mit einer mehr als 2000-jährigen Geschichte liegt Trier ganz im Süden der Eifel. 16 v. Chr. als „Augusta Treverorum" von den Römern gegründet, ist die Bischofs- und Universitätsstadt Trier heute mit seinen 100 000 Einwohnern Oberzentrum der Region Trier. Der Trierer Dom mit seinen verschiedenen Türmen ist der Mittelpunkt der Innenstadt.

Trier (Kaisertherme)

Nur noch Fragmente der Kaiserthermen zeugen von der Geschichte, einer der drei Badeanlagen Triers aus römischer Zeit. Doch von oben kann man noch die einzelnen Becken genau erkennen. Ursprünglich hatten die Thermen eine Grundfläche von 260 x 145 Metern und gehörten damit zu den prächtigsten römischen Bauten in Deutschland. Nur die Thermen in Rom selber übertrafen ihre Größe.

Trier (Porta Nigra)

Die „Porta Nigra" – übersetzt das „Schwarze Tor" – hat seinen Namen erst seit dem Mittelalter. Durch Witterungseinflüsse erhielt das Stadttor erst im Laufe der Jahrhunderte seine dunkle Farbe. Ursprünglich wurde es aus hellem Sandstein erbaut. Es ist das am besten erhaltene Stadttor nördlich der Alpen und das unbestrittene Wahrzeichen von Trier. Man kann erkennen, dass sich schon früh viele Touristen auf dem Platz vor der „Porta Nigra" einfinden.

Trier (Mariensäule)

Da wir selber 300 Meter hoch flogen, waren wir sozusagen mit der Mariensäule Auge in Auge. Das Denkmal zu Ehren der heiligen Maria thront auf einem Berg westlich von Trier im Stadtteil West-Pallien. Bischof Pelldram weihte die Mariensäule am 8. Oktober 1866 ein. Sie ist Zeugnis der starken katholischen Bewegung zu dieser Zeit.

Igel (Igeler Säule)

Kaum aus der Luft auszumachen ist die „Igeler Säule" in Igel. Um 250 n. Chr. ließ sich die Tuchmacherfamilie der Secundier das Denkmal selbst errichten. Unter anderem ist auch ein Relief, das den Tuchhandel zeigt, auf der Säule zu erkennen. Darunter auch der Name der Secundier. Sollte dies somit die älteste Werbetafel darstellen? Heute ist die Igeler Säule Weltkulturerbe der UNESCO.

Konz (Saarmündung)

Nur einige „Flügelschläge" moselaufwärts kommen wir nach Konz. Dort, wo die Saar in die Mosel mündet, hatte Kaiser Valentinian I. (364–375) seine Sommerresidenz, von wo aus er ein Weltreich regierte. Heute profitiert Konz wirtschaftlich als Verkehrsknotenpunkt der Bahnlinien von Saarbrücken, Metz und Luxemburg, die sich hier auf der Verbindung nach Trier treffen. Mehrere Bahnbrücken überspannen bei Konz die Mosel und die Saar.

Echternach

Grenzen gibt es keine in der Luft! So machen wir einen kleinen Abstecher nach Echternach, der ältesten Stadt des Luxemburger Landes. Die Stadt mit 5200 Einwohnern liegt in einer Landschaft zwischen Wäldern, schroffen Felsen und Wasserfällen am Ufer der Sauer. Die Basilika St. Willibrord zusammen mit der Benediktinerabtei und der Pfarrkirche Peter und Paul sowie die winkligen Gassen mit den alten Patrizierhäusern vermitteln das Flair einer mittelalterlichen Stadt.

Bitburg und Brauerei

Inmitten bewaldeter Hochflächen und weitreichenden Wiesen und Feldern ist die Kreisstadt Bitburg schon aus der Ferne deutlich zu erkennen. Mit rund 14 000 Einwohnern kann die Stadt zwischen den Flüssen Kyll und Nims auf eine fast 2000-jährige Geschichte zurückblicken.

Bekannt ist Bitburg aber in erster Linie durch seine Brauerei, die mitten in der Stadt ansässig ist. „Bitte ein Bit!“ – ein Slogan, den wohl fast jeder kennt.

Mit einem Ausstoß von über 4,2 Millionen Hektolitern jährlich zählt das Bitburger Bier zu einer der größten Biermarken Deutschlands.

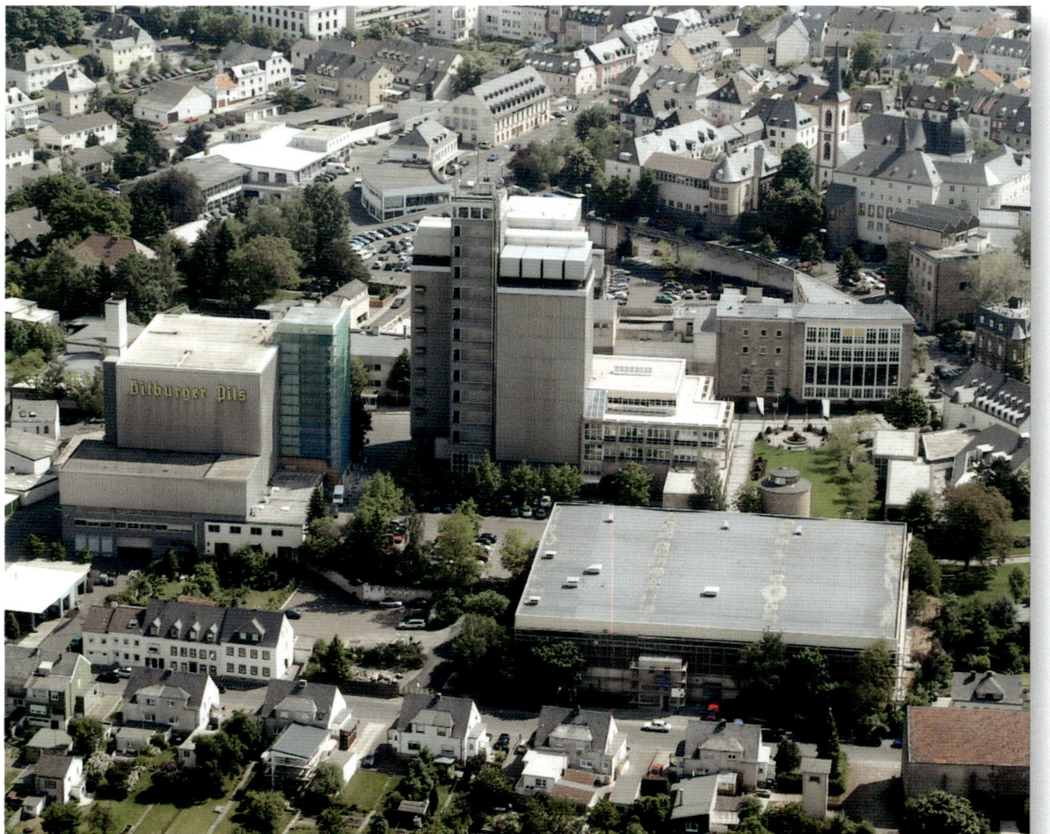

Utscheid

Zwischen Bitburg und Neuerburg überfliegen wir den kleinen Ort Utscheid. Mit etwas über 500 Einwohnern ist Utscheid typisch für den Siedlungscharakter in der Südeifel. Ländlich, mit vielen grünen Wiesen drum herum, zeigen sich hier viele kleine Orte, die abgelegen von den touristischen Zentren Ruhe und Erholung bieten.

Neuerburg

Trotz des Navigationssystem „GPS" ist die Stadt Neuerburg nicht leicht zu finden. Auf der Anzeige im Cockpit müsste die Stadt direkt vor uns liegen. Doch dann taucht Neuerburg doch noch auf, gut versteckt im geschützten Tal der Enz. Zusammen mit 49 anderen Gemeinden bildet die Stadt die Verbandsgemeinde Neuerburg. Als staatlich anerkannter Luftkurort liegt Neuerburg im Deutsch-Luxemburgischen Naturpark.

Auf einem Felsen thront die Burg Neuerburg über der Stadt, als deren Wahrzeichen sie auch gilt. Viele Herrschergeschlechter, allen voran die Neuerburger, teilten sich im Laufe der Geschichte die Herrschaft über die Burg und das Land. Aus der Luft deutlich zu erkennen sind die Schäden, die die Burg während des Dreißigjährigen Krieges davontrug. Nur ein Teil der Burganlage wurde wieder aufgebaut.

Waxweiler

Schützende Berge schließen den Ort Waxweiler im reizvollen Tal der Prüm ein. Der Ferienort ist besonders bei Wanderfreunden sehr beliebt, da rund um den Ort ein Wanderwegenetz mit rund 120 Kilometern der schönsten Wanderwege in der Eifel angelegt ist.

Manderscheid

An der „Grünen Straße Eifel-Ardennen" liegt der staatlich anerkannte heilklimatische Kneipp-Kurort Manderscheid. Interessant angeordnet ist die Umgebung um das Rathaus und die Kirche von Manderscheid, die sich oval auf einem Bergplateau ausbreitet. Breite Straßen mit enger Bebauung prägen den Ortsmittelpunkt rund um die Kürfürstenstraße.

Manderscheid (Burgruine Niederburg)

Westlich der Altstadt von Manderscheid ist die Burgruine der Niederburg an einem Berghang zu erkennen. Die Burg von 1133 war einst im Besitz der Grafen von Manderscheid. Im Jahr 1844 fand man bei Ausbesserungsarbeiten in einem zugemauerten Kämmerchen ein menschliches Gerippe. Die Alten in Manderscheid konnten den schauerlichen Fund erklären. Es war die Tochter eines Grafen, der vor vielen hundert Jahren hier lebte. Als er sie mit ihrem Liebhaber, einem Dienstmann der Burgbesatzung erwischte, ließ er diesen töten und seine Tochter einmauern. Nur durch eine kleine Öffnung erhielt sie solange Nahrung, bis auch sie der Tod erlöste. Von dieser Zeit an spukte es um Mitternacht über der Burg. Der Spuk hörte erst auf, als das Gerippe ein christliches Grab fand. Heute findet hier alljährlich am letzten Wochenende im August ein großes Burgfest mit Ritterspielen statt.

Kyllburg

Auf unserer Route nach Kyllburg folgen wir fast parallel der Autobahn A 60. Rund um den Ort schlängelt sich der kleine Fluss Kyll, der Kyllburg seinen Namen gab. Da wir an der Stadt nur in geringer Höhe vorbeifliegen, können wir die Kyll leider nicht sehen. Dafür bietet sich ein interessanter Blickwinkel, auf dem wir die gotische Stiftskirche auf dem Plateau des schmalen Bergsporns in einer Linie mit dem Wehrturm der ehemaligen Burg und dem Ortskern im Hintergrund sehen. Kyllburg ist mit knapp 1200 Einwohnern die kleinste Stadt in Rheinland-Pfalz.

Malberg

In unmittelbarer Nachbarschaft der Stadt Kyllburg liegt Schloss Malberg, das sich erst seit 1990 in Besitz der Verbandsgemeinde Kyllburg befindet. In den letzten Jahren wurde es aufwendig renoviert. Im Schloss befindet sich unter anderem auch das Standesamt. Eine Hochzeit in dem historischen Gemäuer, wo einst Rittersleute zu Hause waren, ist sicherlich märchenhaft.

Arzfeld

Im Anflug auf Arzfeld habe ich eine weitreichende Sicht nach Norden. Auf dem Bild kann man gut erkennen, wie sich die Landschaft im Westen der Eifel zeigt. Ausgedehnte Felder wechseln sich mit kleinen und großen Wäldern ab. Immer wieder begegnen uns Windräder, die das Bild der Eifel mittlerweile auch prägen. 1798 stand Arzfeld im Mittelpunkt von Kämpfen, welche die Landbevölkerung gegen die Franzosen führte. Tragischer Höhepunkt war der so genannte Klöppelkrieg, der 50 Bauern das Leben kostete.

Pulvermaar bei Gillenfeld

Wenn man sich das Pulvermaar bei Gillenfeld aus luftiger Höhe betrachtet, kann man nicht glauben, dass dieses Maar nach dem Bodensee und den Voralpenseen der tiefste natürliche See Deutschlands ist. Umgeben ist der 86 Meter tiefe See von einem Waldgürtel, der zu Wanderungen rund um das wohl schönste Maar der Eifel einlädt. Auch Camping- und Angelfreunde kommen hier genauso auf ihre Kosten, wie Wochenendkapitäne, die auf der 33,5 Hektar großen Wasserfläche genug Freiraum für eine kleine Bootstour finden.

Was ist ein Maar?

Es gibt in der Eifel zwei unterschiedliche vulkanische Erscheinungsformen. Das Maar und der Krater. Bekannter ist jedem wohl der Krater eines Vulkans. Er liegt immer höher als die ursprüngliche Geländeoberfläche. Wenn sich ein Krater mit Regen- oder Grundwasser füllt, entsteht ein Kratersee. Im Gegensatz zum Krater liegt der Boden eines Maares immer tiefer als die ursprüngliche Geländeoberfläche, die es umgibt. Man spricht dann auch von einer negativen Vulkanform. Die Entstehung von Maaren wird auf Wasserdampfexplosionen zurückgeführt, bei denen aufsteigendes Magma mit Grundwasser in Kontakt kam. Von den 68 Maaren in der Westeifel sind nur acht Maare mit Wasser gefüllt. Entstanden sind sie vor etwa 10 000–40 000 Jahren.

Wittlich (Dunlop)

Östlich von Wittlich haben sich zahlreiche Gewerbebetriebe angesiedelt. Aus unserem Cockpit ist besonders gut das Werk des Reifenherstellers Dunlop mit einer Größe von 300 000 Quadratmetern zu erkennen. Mit über 800 Mitarbeitern ist das Unternehmen einer der größten Arbeitgeber in der Region. Täglich werden hier über 6000 Reifen für Pkw, Lkw und andere unterschiedliche Fahrzeugtypen produziert.

Wittlich

Wir fliegen einige Kilometer nach Süden und erreichen die Kreisstadt Wittlich. Die Altstadt wirkt wie eine kleine, mit viel Liebe fürs Detail gebaute Spielzeugstadt. Besonders gut kann man auf dem Bild sehen, dass die Dächer der Häuser allesamt grau gedeckt sind. Das ist sehr charakteristisch für die gesamte Eifel, in der der Schiefer für die Dachziegeln abgebaut wird. Nur selten findet man Häuser mit roten Dachziegeln. Wegen seiner günstigen Lage zwischen den Eifelhöhen und den Moselbergen ist Wittlich auch als Erholungsort bekannt.

In Wittlich wird an jedem dritten Wochenende im August eines der größten Volksfeste von Rheinland-Pfalz gefeiert, die „Säubrenner-Kirmes". Zurück geht dieses Fest auf eine alte Legende. Die Stadt wurde einst von Feinden umlagert, die die Stadtmauer aber nicht einnehmen konnten. Eines Nachts fand der Torwächter in der Dunkelheit zu einem der vier Stadttore den Riegel nicht und versperrte es mit einer Rübe. Eine Sau, die aus ihrem Stall ausgebrochen war, fraß die Rübe und der Feind konnte in die Stadt eindringen. Darauf beschlossen die Stadtväter alle Schweine zur Strafe öffentlich zu verbrennen. Aus dieser Legende entstand der Brauch drei Tage lang auf dem Marktplatz Schweine am Spieß zu braten und diese mit heimischen Weinen zu verzehren.

Bernkastel-Kues

Nur wenige Kilometer weiter bildet die Mosel die östliche Grenze der Eifel. Wir wollen von hier ihrem Lauf bis nach Koblenz folgen, wo sie in den Rhein mündet. Unser erstes Flugziel ist Bernkastel-Kues, Luftlinie genau 15 Kilometer südöstlich von Wittlich. Hier können wir schon an den Hängen der Moselberge erkennen, was diese Region so bekannt macht, der Moselwein! Vom Ufer der Mosel bis hoch auf die Gipfel reichen die Weinberge der verschiedenen Moselweine. Am Kopfende einer Schleife der Mosel liegt der romantische Weinort Bernkastel-Kues mit etwas mehr als 7000 Einwohnern. Die beiden Ortsteile Bernkastel auf der linken und Kues auf der rechten Moselseite verbindet eine Brücke, die direkt zu den beiden Ortsmittelpunkten führt.
Von den vielen Weinlagen um den Ort ist die bekannteste wohl der „Bernkastler Doktor“. Einer Sage nach entstand der Name dieses Weines durch einen Ritter aus dem Hunsrück, der dem schwerkranken Erzbischof Boemund II. von Trier im Jahr 1360 zu Hilfe eilte und ihm einen Rebsaft zu trinken reichte. Kurz darauf erfreute sich der Erzbischof wieder bester Gesundheit. Die Weinsorte trägt heute noch den Namen „Doktor“!
Oberhalb der Stadt liegen auf einem Hochplateau mehrere Dialyse-, Kur- und Rehakliniken mit verschiedensten Behandlungsmöglichkeiten. Vom Klinikberg hat man sowohl einen weiten Ausblick in den Hunsrück, als auch ins Tal der Mosel. Rein ist die Luft hier oben, weit ab von der nächsten Großstadt.

Meerfeld

Wir kommen in die Vulkaneifel. Deutlich von oben kann man den kreisrunden Maarkessel des „Meerfelder Maares“ erkennen. Im Gegensatz zu anderen Maaren ist der Maarsee nicht kreisrund. Der in den See fließende Meerbach hat im Laufe der Jahre ein Delta entstehen lassen. Geologisch gesehen ist das Meerfelder Maar mit einem Durchmesser von 200 Metern das größte Maar in der Eifel. Entstanden ist es vor etwa 29 000 Jahren.

Kröv

Auch eine bedeutende Weinbaugemeinde an der Mosel ist Kröv. Weit über die Grenzen Deutschlands berühmt ist der „Kröver Nacktarsch". Doch auch als beliebter Urlaubsort ist Kröv an der Mosel bekannt.

Zeltingen-Rachtig

Weinstöcke, so weit das Auge reicht. Mit rund 1 800 000 Rebstöcken gehört Zeltingen-Rachtig zu den großen Weinanbaugemeinden im Weinanbaugebiet Mosel-Saar-Ruwer. Hier wird hauptsächlich der Riesling angebaut, der als König der Weißweine gilt. Zeltinger Himmelreich, Schlossberg, Sonnenuhr und Deutschherrenberg sind die Weinlagen in Zeltingen-Rachtig.

Pünderich

Während die Schiffe auf der Mosel von Pünderich (rechts), vorbei an Briedel, Zell und Merl bis nach Bullay eine Strecke von zwölf Kilometer zurücklegen müssen und dafür über eine Stunde Fahrzeit benötigen, fliegen wir die direkte Strecke von nur 600 Metern Luftlinie in nicht einmal 30 Sekunden und genießen dabei den Blick über diese Moselschleife.

Bad Bertrich

Ein kurzer Abstecher das Ueßbachtal herauf führt uns nach Bad Bertrich. Schmuck zeigt sich uns der traditionelle Kurort mit der einzigen Glaubersalztherme in Deutschland, deren Heilkraft schon die alten Römer schätzten. Mit 32°C Naturwärme entspringt sie dem vulkanischen Gestein der Eifel. Eingebettet in Laub- und Nadelwälder liegt Bad Bertrich in der südlichen Vulkaneifel in der Mitte zwischen Koblenz und Trier.

Münstermaifeld

Über saftige Wiesen und grünes Ackerland erreichen wir Münstermaifeld. Von weit her sichtbar ist die burgartige Stiftskirche St. Martin und St. Severus mit ihrem Doppelturm inmitten der Stadt. Der Vulkan- und Lößboden war von jeher besonders gut für den Ackerbau geeignet. Das wellige, fruchtbare Hochland des Maifeldes erstreckt sich entlang der Mosel bis kurz vor Koblenz mit der Stadt Mayen als der nördlichen Grenze. Noch heute ist das Maifeld für seine erstklassigen Kartoffeln bekannt. Münstermaifeld war seit altersher Zentralort des südlichen Bereiches dieser Region, der schon im Mittelalter die Stadtrechte erhielt.

Cochem (Reichsburg)

Hoch über der Mosel auf einem steilabfallenden Felskegel erhebt sich die Reichsburg, das Wahrzeichen von Cochem, die um 1100 unter Pfalzgraf Ezzo gebaut wurde. Die vieltürmige Gestalt der Burg mit ihrem mächtigen Bergfried sieht aus, als wäre sie erst gestern erbaut worden und hinter den Burgmauern ist die Zeit stehen geblieben. Was hätten wohl die alten Ritter gedacht, wenn wir mit unserem modernen Fluggerät über sie hinweggeflogen wären.

Cochem

Zurück an der Mosel fliegen wir über die Kreisstadt Cochem. Eine Brücke dient als Verbindung zum Stadtteil Cond am gegenüberliegenden Moselufer.
Das mittelalterliche Stadtbild von Cochem wird geprägt von der idyllisch restaurierten Altstadt mit ihren engen Gassen und winkligen Fachwerkhäusern im Moselbarock. Neben dem Weinanbau und -handel ist der Fremdenverkehr mit 500 000 Übernachtungen jährlich der größte Wirtschaftszweig in der Moselstadt.

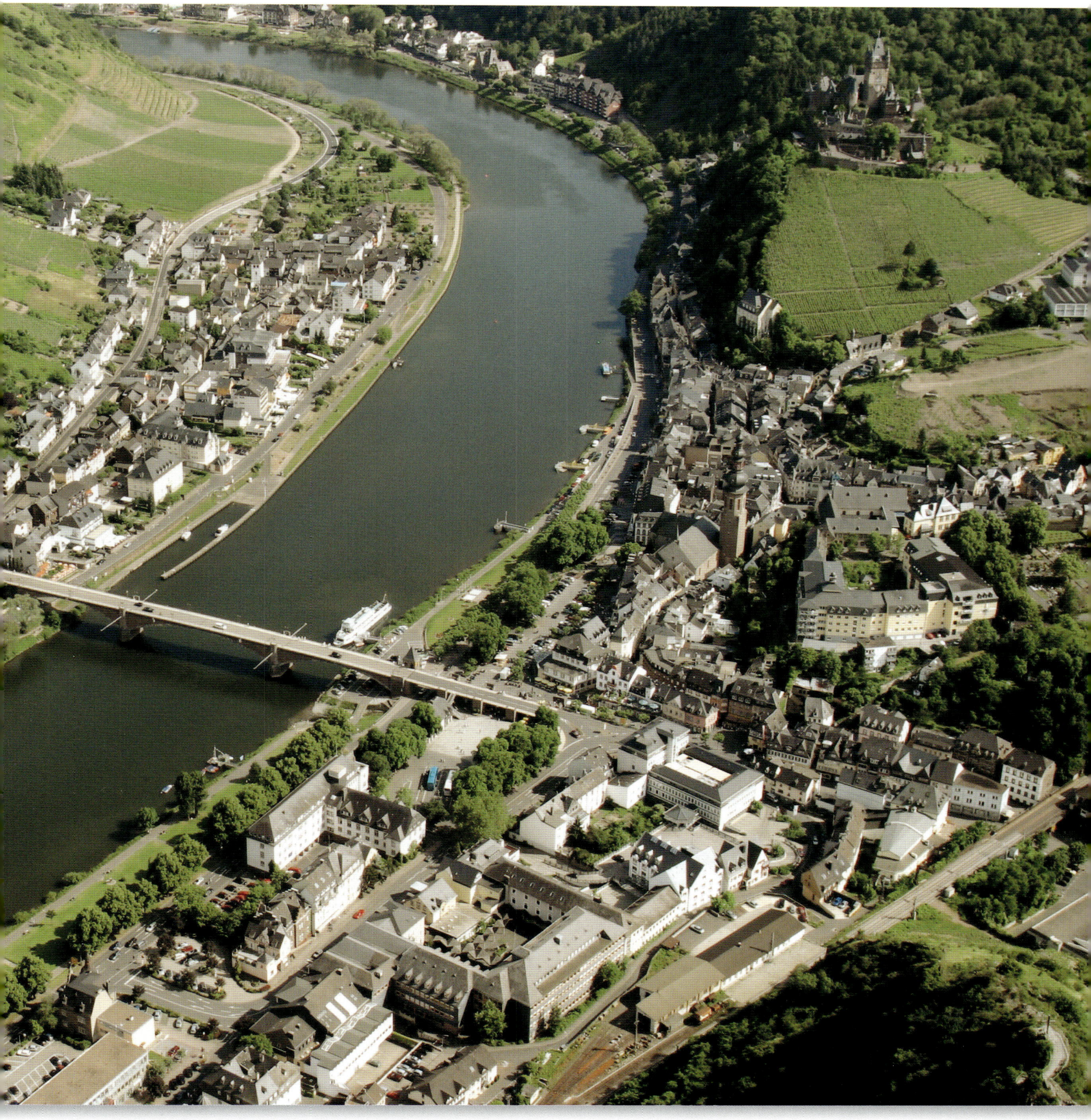

Kaisersesch

Mitten in Kaisersesch, meist zwischen moderner Bebauung, liegt die St.-Pankratius-Kirche mit ihrem verdrehten und schiefen Turm. Die Meinungen, warum der Turm denn schief sei, gehen auseinander. Eine Theorie besagt, dass das Bauholz noch nicht trocken genug war und sich in den Jahren nach der Errichtung des Turmes verzog. Eine andere Meinung besagt schlicht, der Baumeister hätte den Turm bewusst schief gegen die Wetterseite gerichtet.

Windräder bei Kaisersesch

Je weniger Wind bläst, umso besser ist das Fotografieren aus dem Flugzeug heraus. Besonders Windböen machen es manchmal schwer, den Fotoapparat ruhig zu halten. Doch die Eifel ist eine sehr windreiche Region. Davon zeugen die vielen Windräder, denen wir fast überall begegnen. Mittelweile gehören sie mit zum Erscheinungsbild der Eifel, was viele Naturliebhaber nicht gerade erfreut. Doch tragen sie zu einer sauberen Energiegewinnung bei. Die abgebildeten Windräder stehen in der Nähe von Kaisersesch.

Alken

Es ist schon später Nachmittag geworden und die immer tiefer sinkende Sonne wirft ein flaches Licht auf den Weinort Alken am Ufer der Mosel. Über dem Ort breiten sich die Weinlagen aus, auf deren Gipfel die Burg Thurandt thront, die sich schon sehr früh in ihrer Geschichte als Raubritterburg entwickelte.

Burg Pyrmont

Als schönste Ruine in der Eifel gilt Burg Pyrmont, etwa 20 Kilometer nordöstlich von Cochem im Tal des Elzbach. Imposant ragt der runde Bergfried mit einer Höhe von fast 24 Metern und einem Durchmesser von neun Metern über die Burg aus dem Ende des 12. Jahrhunderts hinaus. Während die Erwachsenen sich durch die Gemächer der Burg führen lassen können und dabei die Geschichte vergangener Jahrhunderte kennen lernen, ist der Besuch des Streichelzoos mit den Zwergziegen, Hühnern und Hasen sicherlich die Hauptattraktion für die Kinder.

Burg Eltz

Nur fünf Kilometer oder zwei Flugminuten den Elzbach abwärts ragen die Mauern von Burg Eltz aus dem ihr umgebenen Grün des Waldes hervor. Gleich mehrfach umkreisen wir die deutsche Musterburg, die in ihrer über 1000-jährigen Geschichte nie, wie andere Burgen, zerstört wurde. Wie ein Märchenschloss wirkt diese Burg, die wohl fast jeder kennt. Ihr Abbild zierte viele Jahre den 500-DM-Schein. Durch eine Schenkung durch Kaiser Friedrich I. Barbarossa kam die Burg in den Besitz von Rudolf von Eltz. Sie ist heute noch nach 30 Generationen im Familienbesitz derer von Eltz. Die Burg steht von April bis Oktober für Besuch offen. Täglich werden mehrere Führungen angeboten.

Moselbrücke bei Dieblich

Auf dem Weg nach Koblenz fliegen wir entlang der Autobahn A 61, die zwischen Dieblich und Winningen mit einer 135 Meter hohen Brücke die Mosel überquert und die Eifel mit dem Hunsrück verbindet. Gebaut wurde die 935 Meter lange Brücke in den Jahren von 1969 bis 1972. Sie war seinerzeit Europas höchste Autobahnbrücke.

Koblenz (Kurfürstliches Schloss)

Aus der Luft kann man die absolute geometrische Form des Kurfürstlichen Schlosses mit dessen Parkanlagen erkennen. Direkt am Rheinufer gelegen, ist dem Schloss eine abwechslungsreiche Geschichte widerfahren. Gebaut wurde es von 1777 bis 1793 für den Kurfürst Clemens Wenzeslaus, der bald nach seinem Einzug vor den französischen Revolutionstruppen floh und ins Exil ging. Von 1794 bis 1814 diente das Schloss als französisches und dann für ein Jahr als russisches Militärlazarett, ehe es ab 1815 den Preußen als Kaserne diente. Weiter war es Sitz des Oberpräsidenten der Rheinprovinz sowie des preußischen Friedensgerichtes. Es diente dem preußischen Militärgouverneur und später Kaiser Wilhelm I. als Residenz. Es folgte die Nutzung als Hauptquartier der Preußen im Ersten Weltkrieg, dann wieder als Behördensitz und danach nahm es das Nazi-Regime in Beschlag, ehe das Schloss 1944 durch Bombenangriffe zerstört wurde. 1950/51 erfolgte der Wiederaufbau. Heute haben im Kurfürstlichen Schloss mehrere Behörden ihren Sitz. Dazu zählen die Oberfinanzdirektion, die Bundesvermögensstelle sowie Abteilungen der Zollbehörde.

◀ **Koblenz (Deutsches Eck)**

Am frühen Morgen folgen wir dem Lauf der Mosel auf ihren letzten Metern und kommen an das „Deutsche Eck“ am Koblenzer Rheinufer. Hier, am Zusammenfluss der beiden Ströme, wurde 1897 auf einem mächtigen Sockel ein Denkmal von Kaiser Wilhelm I. errichtet. Im Zweiten Weltkrieg wurde es zerstört und 1953 ersetzte man es mit einem Mast und einer daran hängenden deutschen Fahne. Das Denkmal wurde als Mahnmal der Deutschen Einheit erklärt und erinnerte Jahrzehnte an die Gründung der Bundesrepublik Deutschland, die 1948 in Koblenz eingeleitet wurde. Eine Kopie des ursprünglichen Denkmals mit Kaiser und Pferd wurde 1993 aufgestellt. Die Fahnen der 16 Bundesländer am Deutschen Eck erinnern heute an die Wiedervereinigung Deutschlands.

▼ **Koblenz (Altstadt mit Münzplatz)**

Noch etwas verschlafen wirkt die Altstadt von Koblenz, als wir gegen 10.00 Uhr morgens über ihr unsere Runden drehen. Noch kein Mensch ist auf dem Münzplatz zu sehen, auf dem nachmittags reges Treiben herrscht.
Bis ins 17. Jahrhundert geht die Geschichte des Münzplatzes, der den Mittelpunkt der Altstadt bildet, zurück. Seinen Namen erhielt der Platz von der kurfürstlichen Münze. Der Koblenzer Architekt Conrad Reich hat den Münzplatz im Jahr 1911 neu gestaltetet. Seit Ende des 19. Jahrhunderts findet hier wöchentlich ein Gemüsemarkt statt. Einer der Marktfrauen wurde sogar ein Denkmal gesetzt.

Andernach

Wir fliegen ein paar Kilometer den Rhein stromabwärts und erreichen die Stadt Andernach. Gut aus der Luft zu erkennen ist der Runde Turm mit einer Höhe von 56 Metern. Er ist das Wahrzeichen der Stadt. Die Truppen Ludwig XIV. versuchten 1689 das von 1440 bis 1453 entstandene Bauwerk mit vier Meter dicken Mauern zu sprengen, was aber misslang. In unmittelbarer Nachbarschaft des Turmes, auf dem Bild links davon, kann man die kath. Liebfrauenkirche, eine viertürmige spätromanische Pfeilerbasilika aus dem 12. Jahrhundert gut erkennen.

Laacher See

Vom Rhein aus machen wir einen Abstecher zum Laacher See. Ruhig und erholsam ist es um den See nördlich von Mendig. Ein großer Wald und eine Wiesenfläche breiten sich um das Ufer herum aus. Beim Anblick dieses Idylls kann man sich kaum vorstellen, welche Gewalten hier vor etwa 11 000 Jahren geherrscht haben und zur Entstehung des Laacher Sees geführt haben. Heißes Magma stieg empor, bis es in etwa einem Kilometer Tiefe auf Grundwasser traf. Durch eine gewaltige Wasserdampfexplosion öffnete sich ein trichterförmiger Schlot und eine Eruptionssäule stieg mehrere Kilometer empor. Bei diesem Vulkanausbruch bildete sich eine so genannte Caldera (kein Maar), in der sich heute der über 50 Meter tiefe Laacher See befindet. Der Laacher See ist zwar auch ein Vulkansee, aber weder ein Maar noch ein Kratersee. Es handelt sich bei einer Caldera und eine Vertiefung, die entsteht, wenn das Dach einer Magmakammer einbricht und die Erde darüber wie ein Kolben darin einsinkt. Das Wort „Caldera" kommt aus dem Spanischen und bedeutet „Kessel".

Bad Tönissteiner Mineralquelle

Als wir unseren Kurs wieder in Richtung Rhein eingeschlagen haben, sehe ich in einem Tal versteckt die Werkhallen des Tönissteiner Sprudels. Das Wasser in den Tiefen der Vulkaneifel ist mit gelösten Mineralsalzen, die unser Körper zum Leben braucht, reichlich versehen. Die Tönissteiner Quellen erreichen eine Tiefe von bis zu 652 Metern und gehören damit zu den tiefsten in Deutschland.

Maria Laach

Um die friedliche Ruhe am Ufer des Laacher Sees wusste es auch schon Pfalzgraf Heinrich II. von Laach, als er 1093 die Abtei Maria Laach gründete. Wie eine kleine Stadt wirkt die Abtei aus himmlischer Perspektive mit der Kirche im Mittelpunkt und den vielen Wohn- und Wirtschaftsgebäuden drum herum. An die Abtei der 60 Benediktinermönche grenzt ein Seehotel, das für Feriengäste unterhalten wird. Das Naturkundemuseum St. Winfried zeigt auf über 1000 Quadratmetern Ausstellungsfläche eine Sammlung von Säugetieren, Vögeln, Schmetterlingen und Insekten aus der ganzen Welt. Ergänzt wird die Ausstellung durch eine Mineraliensammlung aus dem Laacher-Seegebiet.

Bad Hönningen

Am gegenüberliegenden Rheinufer mit einer 1,5 Kilometer langen Promenade erstreckt sich das staatlich anerkannte Heilbad Bad Hönningen an der Grenze zwischen der Vulkaneifel und dem Westerwald. Hinter der Stadt erheben sich die Weinberge von Bad Hönningen, in denen das malerische Schloss Arenfels eingebettet ist.

Burg Rheineck

Zwischen Brohl-Lützing und Bad Breisig liegt die Burg Rheineck, die sich in Privatbesitz befindet und daher leider nicht besichtigt werden kann. Im Vorbeiflug können wir aber aus der Luft einen Blick auf die staufische Anlage werfen, die im 11. Jahrhundert durch die Pfalzgrafen von Salm erbaut wurde.

Bad Neuenahr-Ahrweiler

Wir verlassen den Rhein und fliegen in das Ahrtal nach Bad Neuenahr-Ahrweiler. Was dort unter uns an ein Zirkuszelt erinnert, ist die Ahr-Therme in Bad Neuenahr. Aus 359 Metern vulkanischer Tiefe steigt hier Mineralwasser empor, das man nicht nur trinken kann, sondern auch zum Baden einlädt. Und das bei einer Temperatur von 36 °C.

Auf dem Bild oberhalb der Ahr-Therme kann man das Kurhaus aus der Gründerzeit erkennen, in dem ein großer Theatersaal mit 700 Parkettplätzen und die eleganten Salons der Spielbank zu finden sind.

Remagen

Was beim Überflug der Stadt Remagen als Erstes auffällt ist die spitze, dreieckige Form des Stadtkerns und dass viele Hausfassaden gelb angelegt sind. Die Geschichte der Stadt Remagen geht auf die Errichtung eines römischen Kastells vor gut 2000 Jahren zurück, das mit dem ursprünglich keltischen Namen „Rigomagus“ benannt wurde.
Von mehreren Anlegestellen am Rheinufer starten von April bis Oktober die Fahrgastschiffe der verschiedenen Gesellschaften zu planmäßigen Fahrten oder Ausflügen auf Rhein und Mosel. Sehenswert in Remagen sind unter anderem die Kirchen der Stadt. Dazu gehören die kath. Pfarrkirche St. Peter und Paul und die Apollinariskirche.

Remagen (Schloss)

Auf einem Plateau hoch über Remagen erblicken wir das Schloss Ernich, dem einstigen Landsitz der Kölner Industriellen-Familie Guilleaume, die hier bis 1930 lebte. Anschließend wurde das Schloss als Hotel bewirtschaftet und diente im Zweiten Weltkrieg als Lazarett. Seit 1949 ist es in Besitz von Frankreich. Bis 1999 residierten hier 15 französische Diplomaten.

Brücke von Remagen

Zwei achteckige, schwarze Türme und ein Brückenbogen stehen am Ufer des Rheins in Remagen. Am gegenüberliegenden Ufer stehen dieselben Türme. Von der Brücke, die hier einmal den Rhein überspannt hat, ist ansonsten nichts mehr zu sehen.

Zur Geschichte der „Brücke von Remagen“: Erbaut wurde die Ludendorffbrücke in den Jahren 1916–1918 auf Drängen der Generalität, um mehr Truppen und Kriegsmaterial an die Westfront zu bringen. Geplant wurde die 325 Meter Stahlbogenbrücke mit zwei Eisenbahngleisen und einem Fußgängerweg vom Mannheimer Architekten Karl Wiener.

Zu ihrer traurigen Berühmtheit kam die Brücke gegen Ende des Zweiten Weltkrieges. Nachdem den deutschen Verteidigern zwei Sprengversuche fehlgeschlagen waren, gelang es am 7. März 1945 einer kleinen Vorhut der 9. US-Panzerdivision die Brücke zu erobern. Nur zehn Tage später stürzte die stark beschädigte Brücke ein und riss 23 US-Soldaten in den Tod.

Viele Werke über die Ereignisse wurden in den Jahren veröffentlicht. 1968 produzierte David L. Wolper den amerikanischen Spielfilm „Die Brücke von Remagen“ mit einem zwar real-geschichtlichen Hintergrund, aber ansonsten frei gestaltet. Die Handlung des Films hat mit dem tatsächlichen Geschehen wenig zu tun. Erst im Sommer 1976 wurden die Brückenpfeiler aus dem Rhein entfernt. Der damalige Bürgermeister von Remagen, Hans Peter Kürten, ließ kleine Brocken der Brückensteine in Harz gießen, um sie dann mit Echtheitszertifikat zu verkaufen. Dabei kam ein Erlös von über 100 000 DM zusammen. In den Türmen der Brücke wurde dann am 7. März 1980 eine Friedensgedenkstätte eröffnet, die an den Bau und die schweren Kämpfe im Brückenkopf erinnert.

Mayschoß

In einem Touristikprospekt von Mayschoß heißt es, dass selbst von der hoch über dem Ort gelegenen Saffenburg der Ort nicht zu überblicken ist! Da sind wir wohl klar im Vorteil. Denn mit einer Flughöhe von etwa 350 Metern über Grund können wir leicht den gesamten Ort überblicken, der sich in einem weiten Talkessel der Ahr ausbreitet. Mayschoß kann sich rühmen, die älteste handelsgerichtlich eingetragene Winzergenossenschaft der Welt zu haben.

Rech

Zwischen steilen Weinbergen liegt tief unter uns das Weindorf Rech. Ein sehenswertes Bauwerk, auch aus luftiger Höhe, ist die Nepomukbrücke, die 1759 als eine der ersten Steinbrücken über die Ahr erbaut wurde. Die 600 Einwohner des kleinen Dorfes ernten schon seit Generationen den Recher Wein.

Altenahr

Der Weinort Altenahr ist Ausgangspunkt des Rotweinwanderweges im Ahrtal. Auf dem Luftbild ist die Ortsmitte zu sehen, in der sich auch die Pfarrkirche St. Maria Verkündung befindet. Die dreischiffige, romanische Pfeilerbasilika stammt aus dem 12. Jahrhundert. Schon lange ist Altenahr ein beliebtes Ausflugs- und Urlaubsziel mit umfangreichen Angeboten für den Urlauber.

„Rotweinparadies Deutschland" wird es auch genannt, das Weinanbaugebiet der Ahr. Es hat einen Anteil von 85 % an roten Trauben. Die traditionellen Sorten wie der Blaue Spätburgunder oder der Portugieser werden durch die neuen Rebsorten wie Domina, Dornfelder oder auch Regent erfolgreich ergänzt.

Altenahr (Burg Are)

Auf einem schroffen Feld über Altenahr sind die Reste der ehemaligen Burg Are zu sehen, die 1100 vom Grafen Thoderich von Are gebaut wurde.
Die Grafenfamilie war im Besitz aller Ländereien entlang der Ahr. So benannte sie sich selbst nach dem kleinen Fluss. Der Rheinische Erbfolgekrieg Ende des 17. Jahrhunderts und kurkölnische Truppen Anfang des 18. Jahrhunderts zerstörten die einst so mächtige Burganlage.

Altenahr (Seilbahn)

Seit über 50 Jahren ist die Seilbahn von Altenahr ein wahrer Publikumsmagnet. Mit dem Sessellift führt die Fahrt auf den 354 Meter hohen Ditschardt. Von hier hat der Besucher eine prächtige Aussicht über die Felslandschaft an der Ahr.

Rheinbach

Am Fuße der Eifel im Naturpark Kottenforst-Ville liegt die Stadt Rheinbach. Um das Zentrum verlaufen noch Teile der ehemaligen Stadtmauer mit drei restaurierten Wehrtürmen, von denen der Hexenturm als Wahrzeichen der Stadt gilt. In der ersten Hälfte des 17. Jahrhunderts fanden in Rheinbach zahlreiche Hexenprozesse statt. Rheinbach war in seiner Geschichte oft in Kriege verwickelt. 1673 wurde die Stadt völlig zerstört. Rheinbach ist heute auch als „Stadt des Glases“ bekannt. Vertriebene Glasveredler aus Nordböhmen siedelten hier 1947 und gründeten zahlreiche Veredlungsstätten. In Rheinbach findet man neben der Glasfachschule auch ein Glasmuseum, das zahlreiche Exponate aus der Zeit des Barocks, des Biedermeier und des Jugendstils zeigt.

▼ Rheinbach (Schule)

Ein breites Spektrum an Schulen bietet die Stadt Rheinbach. Am Ortsrand sehen wir einen Prachtbau, in dem das erzbischöfliche St.-Joseph-Gymnasium untergebracht ist. Das Gymnasium ist eine Mädchenschule, an der zurzeit etwa 960 Schülerinnen den Unterricht besuchen. Der Unterricht in der Oberstufe kooperiert mit dem benachbarten Vinzenz-Pallotti-Kolleg. Dadurch können die Schülerinnen aus einem breit gefächerten Kursangebot wählen.

Düren

Mit 90 000 Einwohnern zählt die Stadt Düren zu den großen Städten in der Nordeifel. Von ihrer alten Bausubstanz hat die Stadt Düren durch Bombardierungen im Zweiten Weltkrieg vieles unwiederbringlich verloren. Doch hat sie sich im Tal der Rur nach ihrem Wiederaufbau zu einer modernen Metropole mit einem reichhaltigen Freizeit- und Kulturangebot entwickelt. Auf den ersten Blick mag man meinen, dass die Bebauung der Innenstadt sehr dicht ist. Doch aus dem Flugzeug kann man die großzügigen Innenhöfe der Häuserblöcke erkennen. Auch sehr viele Parks und Grünflächen prägen das Bild der Stadt, die einst Pfalz von Kaiser Karl dem Großen war.

Düren (Hoeschmuseum)

Inmitten von Neubauten steht ein neobarock-jugendstilhaftes Gebäude, das das einzig verbliebene Zeugnis der Stadt Düren aus vergangenen Jahren ist und den Reichtum der preußischen Städte widerspiegelt. Von den Luftangriffen blieb das 1905 gegründete Leopold-Hoesch-Museum verschont. Das Museum besitzt eine umfangreiche Sammlung von Werken der Klassischen Moderne. Sie reichen neben Darstellungen der Künstler Barlach, Beckmann und Kokoschka bis hin zu den Werken von Dix und Davringhausen.

Schloss Burgau bei Düren

Südlich der Innenstadt von Düren breiten sich ein großer Schlosspark und weite Gartenanlagen aus, in deren Mitte das Wasserschloss Burgau eingebettet ist. Durch einen Luftangriff 1944 zerstört, wurde es erst 1998 wieder hergestellt und präsentiert sich seitdem in neuem Glanz als Schmuckstück der Stadt Düren.
Neben dem Schlosscafé findet man auch ein Weinlokal. Die Burganlage bietet Platz für wechselnde Kunstausstellungen und verschiedene Veranstaltungen, wie Oldtimertreffen, einem Mittelaltermarkt, Sommerfesten oder Open-Air-Konzerten. Heiratswillige Paare können im Erkerzimmer von Schloss Burgau den Bund der Ehe eingehen.

Eschweiler

Am Rande der Nordeifel liegt die Industriestadt Eschweiler, die im Jahr 828 erstmals urkundlich erwähnt wurde. Doch die Besiedlung der Region begann etwa um 4500 v. Chr., als die ersten Ackerbauern auf den fruchtbaren Lößböden im Norden von Eschweiler den Getreideanbau betrieben.

Durch hohe Steinkohlevorkommen entstanden im Indetal große eisenverarbeitende Betriebe, die der Stadt zu einem rasanten wirtschaftlichen Aufschwung verhalfen. Der Steinkohleabbau endete 1944, doch bis 1985 wurde im Stadtgebiet noch Braunkohle abgebaut. Danach entstand auf dem rekultivierten Gebiet des Tagebaus ein neues Erholungs- und Freizeitzentrum.

Der Bedarf an Braunkohle für das Kraftwerk im Stadtteil Weisweiler, am oberen Bildrand, wird heute über Förderbandanlagen aus dem Tagebau „Inden" gedeckt. Die Stadt Eschweiler an der Inde wird von großen Waldflächen umgeben, in denen mehr als 20 Kilometer Wanderwege angelegt sind.

Zülpich

Beim Anflug auf Zülpich fällt sofort die mächtige Landesburg aus dem 14. Jahrhundert auf, die sich, wie die vier Stadttore in die mittelalterliche Stadtmauer einfügt und mit den modernen Häusern eine Harmonie bilden.
In der Nähe der Burg findet der Besucher das Propsteimuseum. Unter dem Museumsvorplatz verbirgt sich eine sehr gut erhaltene Badeanlage aus dem 2. Jahrhundert. Hier kann man einen Einblick in die Boden- und Heiztechnik der Römer nehmen.

Zülpich (Weiertor)

Das Weiertor mit seinen zwei Türmen ist eines der vier ehemaligen Stadttore von Zülpich. Es war ein Doppeltor, das einst dem Feind das Eindringen erheblich erschweren sollte. 1944 wurde es fast völlig zerstört und erst 1974 wieder vollständig aufgebaut.

Aachen

Im Tiefflug nähern wir uns der westlichsten Stadt Deutschlands: Aachen. In der Altstadt sehen wir das gotische Rathaus und den Aachener Dom, der 1970 als erstes deutsches Bauwerk in die Liste der UNESCO-Weltkulturgüter aufgenommen wurde. Mit Aachen verbindet man die Ära „Karls des Großen“, der die Stadt zum Mittelpunkt des Fränkischen Reiches machte. In der Pfalzkapelle zu Aachen wurden von 936 bis 1531 die deutschen Könige gekrönt. Doch mit der Tradition verbindet sich hier der Fortschritt. Mit weit über einer viertel Millionen Einwohnern ist Aachen eine moderne und weltoffene Stadt, deren Kontakte auf vielerlei Hinsicht grenzüberschreitend sind. Mit den unmittelbaren Nachbarn in Belgien und den Niederlanden verbindet Aachen eine enge wirtschaftliche und kulturelle Zusammenarbeit. Auch für den Tourismus bietet die Kaiserstadt im Naturpark Nordeifel einiges. Neben den vielen Museen, Theatern und der Spielbank findet der Besucher in einem der Thermalbäder die Abrundung seiner Reise nach Aachen.

Aachen (Europaplatz)

Das Ende der Autobahn, die in das Zentrum von Aachen führt, bildet der Europaplatz mit seinem im Durchmesser 100 Meter großen Brunnen, aus dem mehrere Wasserfontänen ragen. Von hier aus wird der Verkehrsteilnehmer in alle Teile der Stadt geleitet. Auf dem Europaplatz wehen die 25 Flaggen der EU-Länder, die die Gäste aus dem Ausland bei ihrer Ankunft in Aachen begrüßen.

Aachen (Dreiländereck)

Westlich von Aachen kreisen wir über dem Dreiländereck und dringen dabei in den Luftraum der Niederlande und Belgien ein. Der Punkt, an dem die drei Länder aufeinander treffen, ist mit 323 Metern über dem Meeresspiegel gleichzeitig auch der höchste Punkt der Niederlande. Das Dreiländerlabyrinth, in dem man endlos herumirren und sich verirren kann, liegt auf niederländischem Territorium.

Stolberg

Das Wahrzeichen von Stolberg, die mittelalterliche Burg, erhebt sich über der historischen Altstadt. Doch ist sie aus dem Flugzeug inmitten der Häuser gar nicht so leicht auszumachen. Begünstigt durch Bodenschätze begann bereits im 13. Jahrhundert die industrielle Entwicklung von Stolberg. So wird Stolberg auch vielerorts als die älteste Kupferstadt der Welt bezeichnet, was aber nicht ganz korrekt ist. Es war nämlich das Messing, das hier in Stolberg seinen Ursprung hatte. Kupfermeister verschmolzen Kupfer mit einem Zinkerz, dem Galmei. Die neue Legierung nannten sie Gelbkupfer, das Metall, welches heute als Messing bekannt ist.

Wehebachtalsperre

Mit etwas Fantasie erinnert die Form der Wehebachtalsperre von oben gesehen an einen Steinbock. Etwa acht Kilometer südöstlich von Stolberg erreichen wir die Talsperre, umgeben von einem großen Wald. Sie dient als reine Trinkwassertalsperre und daher ist jeglicher Bade- und Wassersport auf ihr verboten. Doch führen viele Wanderwege am Ufer der Talsperre entlang, wo sich die Natur ungestört entfalten konnte. Zahlreiche Biberburgen sind an der Talsperre zu finden.

Hürtgenwald

Zwischen Rur-, Kall- und Wehebachtal liegt die Fremdenverkehrsgemeinde Hürtgenwald, zu der 13 Ortsteile gehören. Wir schauen auf den Ortsteil Hürtgen, dessen Idylle inmitten des Deutsch-Belgischen Naturparks nicht erahnen lässt, dass die Landschaft und die Ortschaften von Hürtgenwald total zerstört wurden, als hier im Winter 1944/45 erbitterte Kämpfe zwischen Amerikanern und der Deutschen Armee stattfanden. Die dichten Wälder des gleichnamigen Staatsforstes „Hürtgenwald" stellten den vorstoßenden amerikanischen Truppen eine natürliche Barriere dar, in der sie auf den begleitenden Schutz ihrer Panzer verzichten mussten. Den 55 000 amerikanischen Soldaten stehen 15 000 Mann auf deutscher Seite gegenüber, die in den Kämpfen bei Hürtgenwald den Tod fanden. Heute erinnert und mahnt an die „Allerseelenschlacht" eine Ausstellung im Museum „Hürtgenwald 1944 und im Frieden" an die unselige Phase der Heimatgeschichte von Hürtgenwald.

Nideggen

Im Nordosten der Rureifel oberhalb des mittleren Rurtales liegt die einstige Herzogstadt Nideggen. Wegen seines vielfältigen Klimas ist das ländlich geprägte Nideggen heute ein Luftkurort, dessen Altstadt durch einige schöne Patrizierhäuser geprägt ist. Rund um die Altstadt ist noch ein großer Teil der Stadtmauer mit drei der ehemals vier Stadttore erhalten.

Burg Nideggen

Auf einem roten Sandsteinfelsen über der Stadt hat die Burg Nideggen ihren Platz. Sie wurde 1177–1191 von Wilhelm II. von Jülich erbaut. Im Laufe der Zeit wurde sie mehrfach stark beschädigt. Bei klarem Wetter hat man von der hoch gelegenen Burg einen guten Rundumblick und der 40 Kilometer entfernte Kölner Dom scheint zum Greifen nah. In der teilweise wiederhergestellten Burg sind heute das Burgenmuseum der Eifel und ein Restaurant untergebracht.

Heimbach

Zwischen den Eifelbergen im Rurtal liegt der staatlich anerkannte Luftkurort Heimbach, der von ausgedehnten Wäldern umgeben ist. Auf einem Fels in der Ortsmitte erhebt sich Burg Hengebach, um die die Hauptstraße des Ortes in einem Halbkreis vorbeiführt. Malerisch schön sind die Häuerfassaden der Fachwerkbauten, die in unmittelbarer Nachbarschaft zur Pfarr- und Wallfahrtskirche stehen.

Heimbach (Abtei Mariawald)

Oberhalb der Stadt Heimbach in den tiefeingeschnittenen Tälern der Urft und der Rur erhebt sich die Abtei Mariawald. 1480 wurde das Kloster gegründet und hat seit dem eine bewegte Geschichte von Zerstörungen und Wiederaufbau erleiden müssen. 1909 wurde es zur Abtei erhoben. Sie ist das einzige „männliche" Trappistenkloster in Deutschland. Die Arbeit der Mönche ist sehr vielseitig. Sie unterhalten die Klosteranlagen, arbeiten in der Landwirtschaft, in der angeschlossenen Gaststätte oder in der eigenen Likörfabrik. Der Mariawalder Klosterlikör ist weit über die Region hinaus bekannt, wie auch die hausgemachte Erbsensuppe der Klostergaststätte.

Heimbach – Rurstausee

Der größte See der Seenplatte im Naturpark Nordeifel ist der Rurstausee bei Heimbach. Er ist mit 205 Millionen Kubikmetern Wasser zugleich die zweitgrößte Talsperre in Deutschland. Sie lässt dabei für den Wassersport nahezu keine Wünsche offen, egal ob Segeln, Surfen, Boot fahren oder schwimmen. Darüber hinaus bietet die weiße Rurseeflotte Rundfahrten über den See an. Imposant ist auch die 480 Meter lange Staumauer, die 72 Meter hoch ist. Ihre Fundamente sind 40 Meter tief in der Erde verankert.

Burg Satzvey

Wie aus einem Märchen vergangener Zeit ruht die Wasserburg Satzvey unter uns. Um die Details besser erkennen zu können, wagen wir es, die Burg im Tiefflug zu umrunden, was uns auch in eine bessere Perspektive bringt.
Die ersten Erwähnungen der Burg stammen aus dem Jahr 1396. Seit über 300 Jahren ist sie im Familienbesitz der Grafen Beissel von Gymnich. Um die Burg zu erhalten, werden hier jedes Jahr verschiedene Themenfeste gefeiert. Ein Hexenmarkt, Ritterspiele bis hin zum Geisterfest an Halloween kommen jedes Jahr tausende von Besuchern auf die Burg in der Nähe von Mechernich.

Rheinisches Freilichtmuseum

Da ist wieder ein Windrad! Doch mit den modernen Stromerzeugern hat es nicht sehr viel gemeinsam. Derzeit sind 65 Gebäude, wie Windmühlen, Bauernhöfe und dörfliche Gemeinschaftsbauten auf dem Gelände des Rheinischen Freilichtmuseums bei Mechernich/Kommern wieder errichtet worden. Sie spiegeln das ländliche Leben der Bevölkerung seit Ende des 15. Jahrhunderts wider. Der Besucher kann in dem weitläufigen Gelände des Freilichtmuseums entdecken, wie die Siedungen in verschiedenen Regionen ausgesehen hatten. Dazu gehören die Eifel und Köln-Bonner Bucht, der Niederrhein, Westerwald-Mittelrhein und das Bergische Land.

Bad Münstereifel

Die Stiftskirche von Bad Münstereifel in der Mitte der Stadt fällt sofort ins Auge. Nicht nur wegen ihrer zentralen Lage, nein, auch wegen ihren hellen Dächern und der Form mit dem dreitürmigen Westwerk. Die Straßen und Gassen der Altstadt mit ihrem mittelalterlichen Erscheinungsbild sind großzügig gestaltet. Rund um die Altstadt verläuft die Stadtbefestigung aus der Zeit um 1300. Sie besteht aus vier Toren, 18 Türmen und einer Ringmauer. Wer sich das Luftbild genau betrachtet, kann etwas links der Stiftskirche mehrere grüne Sonnenschirme entdecken. Sie gehören zum Rathaus-Café, das der Schlagersänger Heino betreibt.

Effelsberg (Radioteleskop)

Eigentlich wollte ich beschreiben, dass sich das Radioteleskop bei Effelsberg in einem Tal versteckt. Doch wer würde mir glauben, dass sich diese Riesenschüssel mit einem Durchmesser von 100 Metern verstecken kann! Keiner! Doch in der Tat haben wir es erst erblicken können, als wir von Bad Münstereifel aus über einen dicht bewaldeten Berg flogen und nur noch wenige hundert Meter entfernt von der Anlage waren. Seit 30 Jahren ist dieses 3200 Tonnen schwere Teleskop schon in Betrieb. Es gehört zu den zwei größten, vollbeweglichen Radioteleskopen auf der Welt. Geografisch liegt es genau auf der Landesgrenze von Nordrhein-Westfalen und Rheinland-Pfalz.

Adenau

Auf Südkurs, den wir jetzt wieder eingeschlagen haben, werden die Wälder unter uns immer dichter und die Besiedlung immer dünner. Wir sind über der Hocheifel mit ihren vielen Tälern und Bergen. Die höchste Erhebung mit 747 Metern ist die „Hohe Acht". Ihr zu Füßen, im Herzen der Region, liegt die Gemeinde Adenau mit seinen malerischen Fachwerkhäusern und dem historischen Buttermarktviertel.

Ulmen

Direkt bis an das Ufer reicht die Bebauung am Ulmener Maar, dem mit etwa 8000 Jahren jüngsten Maar der Eifel. Der Ort Ulmen, dessen Name sich von der gleichen Baumart her ableitet, umschließt fast ganz das 5,4 Hektar große Maar. Im Anschluss an die Oberburg aus dem 12. Jahrhundert entstand der Ort. Von der Burg ist heute nur noch deren Ruine auf einem Plateau oberhalb des Maares zu erkennen.

Nürburgring

Mitten in der waldreichen, reizvollen Natur der Eifel lockt die schönste Rennstrecke der Welt, der Nürburgring. An dem Tag, als wir über die Grand Prix-Strecke flogen, war es da unten eher beschaulich und ruhig. Doch über das ganze Jahr finden hier zahlreiche Motorsportveranstaltungen statt. Der Höhepunkt dabei ist das internationale Formel 1-Rennen. Eröffnet wurde der Nürburgring am 18. Juni 1927. Sieger des Eröffnungsrennens war der legendäre Rennfahrer Rudolf Caracciola auf seinem Mercedes S. Doch nicht nur Rennen gehören zu den Veranstaltungen rund um die Nürburg. Seit 1985 hat sich das Musikfestival „Rock am Ring" mit internationalen Künstlern zum größten Festival Deutschlands entwickelt.

Nürburg

Auf dem 678 Meter hohen „mons nore", dem schwarzen Berg, thront die Burg Nürburg über dem gleichnamigen Ort. Die Grafen von Are erbauten die Burg mit ihren verschieden großen Türmen mit Zeltdächern im 12. Jahrhundert. Sie galt einst als eine der stärksten Festungen der Eifel bis sie 1690 nach einer langen Belagerung von den Franzosen zerstört wurde. Der Luftkurort Nürburg ist einer der wenigen Wintersportorte in der Hocheifel. Hier findet man die höchsten Erhebungen der Region und sogar einen 400 Meter langen Abfahrtshang.

Daun

Wir erreichen den heilklimatischen Kur- und Kneippkurort Daun. Zentrum des Kurbetriebes ist das Kneipp-Badehaus am Dauner Sprudel. Dem Kurgast stehen hier sämtliche Anwendungsmöglichkeiten der Physiotherapie nach Kneipp zur Behandlung von Herz- und Gefäßerkrankungen zur Verfügung. Die „Dunaris"-Heilquelle bietet die Grundlage von Trinkkuren.

Dauner Maare

Gleich drei Maare nebeneinander finden wir südöstlich von Daun. Das Schalkenmehrener Maar, das Weinfelder Maar, auch Totenmaar genannt, und das Gemündener Maar. Zusammen bilden sie die Dauner Maare. Sie werden auch die Tränen Gottes genannt. – Als Gott sah, wie gut ihm die Eifel gelungen war, vergoss er Freudentränen, die als Maare übrig blieben.

Die Wissenschaft schätzt das Alter der Maare auf etwa 20 000 bis 30 000 Jahre. Das Zusammentreffen von aufsteigendem Magma mit Wasser löste gewaltige Wasserdampfexplosionen aus, deren Explosionstrichter sich später mit Regen- oder Grundwasser füllten. Im Weinfelder Maar (Mitte) ist jeglicher Wassersport verboten, während das Gemündener Maar vorn und das Schalkenmehrener Maar zum Surfen, Boot fahren oder Schwimmen einladen.

Am Ort des Weinfelder Maars, so die Sage, stand einmal ein Schloss, dessen Adelsdame sehr hartherzig zu den Armen war. Zur Strafe wurde sie samt Schloss und aller Bewohner unter Wasser gesetzt und alle ertranken. Seit dem wird das Weinfelder Maar auch Totenmaar genannt.

Gerolstein

Rund um das Städtchen Gerolstein steigen Dolomitfelsen auf über 100 Meter über das Talniveau an. Vor über 320 Millionen Jahren hat sich hier ein Flachmeer ausgebreitet, dessen riesige Korallenriffe versteinerten und so die Felsen entstehen ließen. Später prägte der Vulkanismus die Landschaft des Gerolsteiner Landes. Dolomit- und Vulkangestein sind die Grundlage des Geotourismus, der in der Region um Gerolstein gefördert wird. Bekannt ist Gerolstein aber vor allem wegen seines berühmten Mineralwassers, das hier aus großen Tiefen gefördert wird.

Kasselburg bei Gerolstein

Mit einer Höhe von 34 Metern überragt der ehemalige Torturm der Kasselburg bei Gerolstein/Pelm den ihn umschließenden Wald. Mit acht Etagen hat der Wohnturm aus dem Jahr 1350 den Charakter eines Hochhauses. In dem weitläufigen Gelände um die Burganlage findet man den „Adler- und Wolfspark Kasselburg“, der zu den vier Erlebnisparks an der Deutschen Wildstraße gehört. Täglich finden hier Flugvorführungen statt, bei denen die Falkner das Flugvermögen und das Verhalten der Greifvögel demonstrieren. In den Freigehegen rund um die Burg leben Wildschweine, Waldpferde, Mufflons und das größte Wolfsrudel Europas.

Blankenheim

Über der Gemeinde Blankenheim herrscht reger Verkehr. Kurz bevor wir über den staatlich anerkannten Erholungsort fliegen, kommen uns vier Kampfjets des Militärs auf direktem Kurs entgegen. Mein Pilot beruhigt mich und erklärt mir, dass die Jets kleine Privatmaschinen gerne als gedachtes Ziel annehmen und unsere Bewegungen dauernd im Visier haben. Mir war trotzdem etwas mulmig, als die Maschinen nur etwa 100 Meter unter uns durchdonnern. Doch nun schauen wir uns erst einmal unser nächstes Ziel an. Hier, wo die Ahr entspringt, liegt in einem bewaldeten Talkessel Blankenheim, dessen Erholungsanlagen sich um den zentralen Schlossweiher gruppieren. Der nahe gelegene alte Ortskern mit seinem mittelalterlichen Flair lädt zu einem kleinen Spaziergang durch die engen Gassen ein.

Auf einem schmalen Bergrücken oberhalb des Schlossweihers thront die Grafenburg, die Anfang des 13. Jahrhunderts erbaut wurde. Bis 1794 war die Burg Sitz der Herren von Blankenheim, die 1461 in den Reichsgrafenstand erhoben wurden und die die Burg Anfang des 15. Jahrhunderts zum Schloss ausbauten. Durch Truppen der französischen Besatzungsmacht wurde die Burg teilweise zerstört und kurz nach 1800 an die Franzosen auf Abbruch verkauft. Im Jahr 1927 erwarb die Deutsche Turnerschaft die Ruine und stellte die Burg wieder her. Heute ist in der Burg eine Jugendherberge untergebracht.

Hillesheim

Fein herausgeputzt liegt die Stadt Hillesheim mit ihren 2700 Einwohnern unter uns. Die Sanierung der Stadt, die schon 1964 eingeleitet wurde, war so erfolgreich, dass auf Beschluss des Europarates die Stadt 1981 zur Beispielstadt im Rahmen der europäischen Kampagne zur Stadterneuerung ernannt wurde. Die Maßnahmen, die Hillesheim zur Stadtsanierung unternahm, wurden europaweit veröffentlicht und haben dafür gesorgt, dass viele internationale Besucher in die Stadt kamen, um hier ihren Urlaub zu verbringen. Sehenswert für sie war und ist auch heute noch der historische Ortskern mit dem Graf-Mirbach-Platz und der Pfarrkirche St. Martin. Teile der alten Stadtmauer sind noch sehr gut erhalten. In deren Verlauf finden wir auch den Hexenturm, der an die traurige Geschichte der Hexenverfolgung in der Eifel erinnert.

Stadtkyll

Im oberen Kylltal liegt der staatlich anerkannte Luftkurort Stadtkyll, der jährlich 60 000 Feriengäste begrüßen kann. Im verkehrsberuhigten Ortskern findet der Besucher viele Lokale und Restaurants. Sehenswert sind die ehemalige Marktscheune am Kirchplatz und die Pfarrkirche St. Joseph.

Kloster Maria Frieden bei Dahlem

Jeder Pilot, der mit seiner Maschine auf dem Flugplatz „Dahlemer Binz“ landen möchte, kommt unweigerlich am Kloster Maria Frieden vorbei, das im Endanflug des Flugplatzes liegt. Erst 1952 wurde die ehemalige Domäne von den niederländischen Trappisten erworben, damit auch in Deutschland ein Frauenkloster ihres Ordens entstehen konnte. 1953 wurde Maria Frieden gegründet und schon 1955 zur Abtei erhoben. Der Klosterbau selber fand 1968 seinen Abschluss. Nach Anmeldung nimmt das Kloster gerne Gäste auf, die hier in der Abgeschiedenheit ein paar stille Tage verbringen möchten.

Prüm

Zum Abschluss unserer Rundflüge machen wir noch mal einen Abstecher in die Schnee-Eifel, ehe es wieder auf den Heimflug nach Trier geht. Der anerkannte Luftkurort Prüm liegt in einem rauhen Bergland, das mit seinem höchsten Berg, dem schwarzen Mann mit 698 Metern, ein beliebtes Wintersportgebiet bildet. Prüm wird wegen seiner waldreichen Umgebung mit gut ausgebauten Wanderwegen auch Waldstadt genannt. Das Wahrzeichen der Stadt Prüm ist die St. Salvator-Basilika mit ihren zwei charakteristischen Türmen, die weit über die Stadt hinaus zu sehen sind.

Weitere Bücher aus dem Wartberg Verlag für Ihre Region

Dorfleben in der Eifel in der Zeit von 1929–1960
von Mechthild Michels
und Nora Pfefferkorn.
64 S., geb., S/w-Fotos
(ISBN 3-86134-273-1)

Zeitreise durch die Eifel von Matthias Kordel
Eine Reise zu ausgesuchten
Orten der Geschichte.
80 S., geb., Farbfotos
(ISBN 3-86134-325-8)

Die schönsten Burgen und Schlösser in der Eifel
von Matthias Kordel
80 S., geb., Großformat,
zahlr. Farbfotos
(ISBN 3-86134-482-3)

Unsere Kindheit und Jugend in den 50er Jahren
von Norbert Schmidt
64 S., geb., Großformat
zahlr. S/w-Fotos
(ISBN 3-8313-1393-8)

Unsere Kindheit und Jugend in den 60er Jahren
von Günther Klugermann
64 S., geb., Großformat,
zahlr. S/w-Fotos
(ISBN 3-8313-1394-6)

Wartberg Verlag GmbH & Co. KG
Bücher für Deutschlands Städte und Regionen
Im Wiesental 1 · 34281 Gudensberg-Gleichen · Telefon (0 56 03) 9 30 50 · Fax (0 56 03) 30 83
www.wartberg-verlag.de